만약 당신이

정연우 시집

작가의 말

건져올린 그물을 굵은 밧줄로 칭칭 감은 채
물기 젖은 배가 부둣가에 닿으면
여문 해가 먼저 내리고
뭉툭한 어부의 손에선 멸치가 파닥인다
살아서 뭍으로 오르지만
살아서는 살 수 없는 그 뻣뻣한 죽음이
황홀한 듯 춤을 춘다
멸치의 기억은 살아나고
어부는 고독하게 시간을 벤다
멸치의 목젖을 움켜쥔 채
산 것과 죽은 것들을 말아쥔다

은비늘 몸뚱아리로 벌벌 떨었을 부단함이
어부의 손가락에서 통곡한다

하, 그 부단한 몸부림이 안쓰러웠던 것일까
어부의 등 뒤로 새벽이 온다.

* 어렸을 적 아버지는 가끔 배를 띄웠다. 7남매를 키우기 위해 얼마나 부단했을까. 그때는 석양이 빨간게 아니라 아버지의 등이 빨간 줄 알았다.

차례

작가의 말　7
해설　140

1부 그 사람 대신

16_ 3월의 시
17_ 나의 수선화여
18_ 석산, 아리아
19_ 달을 풀어내고
20_ 그 사람 대신
22_ 동백꽃
23_ 낮잠
24_ 너 태어나던 날
26_ 봄이 오면 핀단다
27_ 찔레꽃
28_ 배롱꽃
29_ 계절아 사랑해
30_ 내가 사랑하는 농부 아저씨

2부 강이런지 산이런지

34_ 섬도 외롭다
35_ 소쇄원 연가
36_ 백련사
37_ 선암사 가는 길
38_ 운주사雲住寺
40_ 남해 고사리밭 연가
42_ 콩팥 같은 당신
44_ 사월의 벚꽃
46_ 목포 여행
47_ 강이런지 산이런지
48_ 곡성에서 온 편지
50_ 무등산을 아시나요
53_ 비가 내리면

3부 밥상은 수수하지만

- 56_ 홍어
- 57_ 노포
- 58_ 들깨밭 가는 길
- 59_ 오이지 물김치
- 60_ 장독대에서 꺼내 온 사과
- 62_ 엄마의 밥상
- 64_ 유자
- 65_ 밥상은 수수하지만
- 66_ 봄의 선물
- 68_ 너 줄라고 청호시장 가서 사 왔다
- 70_ 내 이름은 명태라오
- 73_ 좋은 음식의 미학

4부 만약 당신이

- 76_ 나는 곱뿌, 너는 고량주
- 77_ 당신으로 인하여
- 78_ 술병 앞에서 시인이 되다
- 79_ 일출
- 80_ 사랑도 테이크아웃이 된다면
- 81_ 사랑하는 나의 사람아
- 82_ 작약 피거든 주인처럼 오시어요
- 83_ 한 잔 따라보게나
- 84_ 떨면서 건네던 마음
- 86_ 야심한 밤에
- 88_ 그 사람이 사랑을 한다
- 90_ 그날 밤
- 91_ 만약 당신이

5부 당신의 숲

- 94_ 가끔은 저절로 알게 되죠
- 95_ 당신의 숲
- 96_ 당신의 자서전·1
- 98_ 당신의 자서전·2
- 100_ 당신의 자서전·3
- 102_ 당신의 자서전·4
- 103_ 형제兄弟
- 104_ 어머니, 당신은 꽃이예요
- 106_ 엄마는 말씀하셨지
- 108_ 여름인갑다
- 110_ 어머님 전상서
- 112_ 마지막 인사
- 114_ 당신이 기억을 잊어버려서

6부 수작을 걸어오거든

- 118_ 당신은 어디에도 있습니다
- 120_ 곤궁困窮하다는 것은
- 121_ 당신께서 내게 말미암으심은
- 122_ 거미 집 쌀 시간
- 124_ 거기 있니, 나 여기 있어
- 125_ 그리움이 될라요
- 126_ 별거 아닌 사랑
- 128_ 분분芬芬하더이다
- 130_ 무릇, 흐른다는 것은
- 132_ 거짓말과 진심
- 134_ 불현듯, 그대 오시니
- 136_ 수작을 걸어오거든
- 138_ 당신이 이 기도를 들어주세요
- 139_ 서하정 가족

제1부

그 사람 대신

3월의 시

바람 잡아두고
벚꽃 피네

이제는
당신처럼 지려하네

피고 지는 것이
어디
벚꽃뿐일까마는

3월이 그러하네
당신도 그러하네

나의 수선화여

어쩌면 더는 놓치지 말아야 하는
당신은 내가 아끼는 가장 고결한 사람
강물에 반짝이는 햇살에도
눈물이 고이는 가녀린 사람
눈물로 씨를 뿌리는 봄날 같은 사람

고결하고 위대한 자여!
어느 한 날 부러진 날개처럼
눈부신 날들이 엉키어 올지라도
마음은 경계를 넘어선 그것
'사랑함'입니다

석산, 아리아

붉은 속눈썹 깜박이며
정열의 불 붙은 것인가
새파란 잎을 기억하지 못하는 것인가
어찌하여 걸어가는 햇살 한 줌에 추락하는가
꽃대궁 속 허옇게 비우고 죽는다 말 없더니
진한 그리움 포개어 놓은 듯 그 자리인가

물 한 바가지 이고
늦은 가을 젊은 그가 찾아온다
연애하는 모양이다
내외하듯 마주하지 못하고
꽃대궁 사이로 새파란 혀를 내밀고
비비고 핥는다
기억하지 못하지만 기억하는 하나는
너의 향기인 것을

다시 긴 시간을 기다려야 하지만
그래도 내는 꽃이라네

달을 풀어내고

인생에 있어 어느 구간
당신은 내게 귀인이었다

달을 품고 달을 풀어내고
달 속에 당신을 품던 날은

만 가지보다 행복했다

그 사람 대신

이팝나무를 보면
생각나는 한 사람이 있다

오월 한 날, 낮달에 앉아
속삭이듯 핀 나무를 보고
웃던 사람이 있다

흰 꽃에 안겨서는
당신을 견디듯 손바닥에 얼굴을 묻고
시리게 웃던 한 사람이 있다

그때 알았다
어떤 웃음 속엔 그리움이 산다는 것을
시리게 웃을 땐 그것이 슬픔이라는 것을

밤 창가에 기대어 낮달이 잠을 잔다
그가 주고 간 유난히도 흰
이팝나무가 안부를 묻는다

그 사람은 오월인 것을 몰랐던가
떨고 있는 나무의 목젖이 부서지듯
부르는 소리를 듣지 못하는가

맡겨둔 것처럼 두고 간 마음 때문이었을까
이팝나무 앞에서
그 사람 대신 그 사람처럼 웃었다

동백꽃

너는, 어찌하여
나무에서도 피고
땅에서도 피고
저이 마음에서도 피느냐

그리 피었거늘
이리도 서럽도록 붉은 것이냐

어찌하여, 너는
나무에서도 지지 않고
땅에서도 지지 않고
저이 마음에서도 지지 않느냐

무엇이 그리 서러워 한 계절을
모가지채 우는 것이냐

낮잠

소문은 오래전부터 익히 알고 있었지
유월 한낮의 태양이 뜨겁다는 것쯤은
그런 그가 전봇줄에 앉아 졸더니 톡 하고
우리 집 마당에 빨랫줄로 떨어져도
거기 걸려서 졸더라니깐

나는 글을 쓰다 떠 오르지 않는 생각에 턱 괴고
볼펜 입에 물고 눈 지그시 감고 생각을 모았지
한참을 그렇게 있어도 떠 오르지 않고
'윙윙' 소리에 그만 감은 눈을 떴는데
얼굴에 책장이 붙어 있더라니깐

책 속의 한 줄 지식이 그렇게 오면
나는 왠지 너랑 정들 것 같아 히히!

너 태어나던 날

명주실 켜던 밤이었단다
달님이 처마 밑에서 잠들었는지
둥그런 내 배에 손을 얹은 채 미동도 없길래
그저 삼경三更이려니
하여, 눈 붙이고 한잠 자려 했단다

헌데, 네가 이 시간을 기다렸다는 듯
명주실 켜서 한 필 옷이 되기도 전에
이쪽저쪽에서 쓱쓱 잡아당기는데
품은 해라도 가르는 것인지
뜨겁기가 대장간 불 속 같은데
대장장이 팔뚝만한 것이
그 속을 푹푹 왔다 갔다 하는데
불 속에서 참나무 쩌억쩌억 갈라지듯
뒤틀어오는 묵직한 것
아, 내 속에서 뜨거운 해라도 빠지는 것인가
아픈 것인지 시린 것인지
더 이상 견딜 수 없던 육신이 그만
보자기 풀리듯 스르륵 하더니

열린 몸에서 빨간 눈물이 쏟아지는데
네가 빨갛게 울더구나

언제 깼는지 달님이 네 얼굴을 명주실로 닦아
헝클어진 내 품에다 놓는데
별 하나가 반짝이며 새벽하늘에 걸리던 것을
신비로운 밤이었단다
명주실을 감은 채 네가 그렇게 태어났단다

봄이 오면 핀단다

봄은 산을 넘어서 온단다
아는 사람은 다 안단다
수양버들 물빛에 세수하고
울타리 넘어 쫑긋쫑긋
봄이 온단다

북쪽으로 고개 든 목련화
가녀린 목선이
어찌나 희고 곱던지
겹겹이 아름답단다

그 꽃, 봄이 오면 핀단다
얼른얼른 핀단다
남녘에서 온 바람 타고 핀단다

찔레꽃

은하수에서 살던 수천 개의 별들이
은하수를 빠져나와 강을 건널 때였어
어릴 적 꿈들이 그해 여름에서 뛰쳐나왔지

찔레꽃 향기 그 언덕을 넘었지
사공도 없는 꽃 실은 돛단배
강물에 띄운 건 별들이었어

찔레꽃 무사히 여름밤을 건넜지
그 향기 은하수를 수 놓았어

그때부터였어
그리워서 목메이던 것이
밤이면 강으로 가서 강물이 되었어

배롱꽃

보서요 보서요
빨간 족두리 쓰고 피는 꽃을 보서요
당신이 두고 간 여름을 보서요
나무에서 꽃으로 피는 여름을 보서요
오신다던 그 약속에
날이 새도록 피었다가 지는 꽃을 보서요

오셔요 오셔요
깃발 들고 오셔요
우리의 여름으로 오셔요
나무에서 꽃이 피는 여름으로 오셔요
하늘을 베개 삼아 잠이 들면
당신이 수놓은 여의주로 꽃피어서 오셔요

계절아 사랑해

너를 보면 가슴이 뛰어
심장이 파닥거려
숭어 속살 같은 니가
마라톤 선수 같은 니가
꽃으로 필 때는 설레이고
대추로 열릴 때는 기다리고

태풍에 나락이 쓰러질 때는 밉다가
아이처럼 웃다가
엄마처럼 웃다가
찬찬히 내어주는 햇살 한 줌에
꼬르륵 소리가 창공을 날 때는
뛸 듯이 기뻐
니가 그래

이것은 비밀인데
니가 다니는 대지大地 위에 입 맞추고 싶어
바람의 숨결로 날아오르고 싶어

내가 사랑하는 농부 아저씨

내가 사랑하는 농부 아저씨는
로션 하나 바르지 않은 듯한
거친 구릿빛 턱을
까끌거리는 수염은 가진

그럼에도 불구하고
그가 지나가면
봄산은 온통 하얗게
산벚꽃으로 아수라장이고,
진달래의 불 속은
심장이 설레설레
갈 길을 잃고 만다

변변한 실력으로 텅텅거리며
풀을 베고, 삽질을 하고
파김치에 대충 막걸리 한 잔 걸치고
하루를 다 산 듯이 사는
도시에서 건너 온 농부 아저씨는
밤이면

아이고 아이고
끙끙 앓는 소리를 한다

그렇다고 여우 꼬랑지 같은 봄볕이
살랑살랑 좋아할 만한 행색도 아니라서
흙 묻은 묵직한 바지가
젖은 면장갑이
몹시도 촌스러보이는
그럼에도 불구하고
그 사내가 나는 좋다

제2부

강이런지 산이런지

섬도 외롭다

섬도 외롭다
섬도 위로받고 싶을 때가 한두 번이 아니다
한 남자와 한 여자가 왔다가는 날은 더 외롭다
한 남자와 한 여자가 찾아오지 않은 날은
또 외롭다
그날은 갈매기도 오지 않는다
하냥 기다리지만
기다림은 뱃길 끊긴 날의 그리움처럼
융통도 안 되는 젊은 날의 사랑 같아서
섬은 더 외롭다
열무 속처럼 익은 시큼한 아픔만
파도에 맡겨 보지만
파도도 제 마음대로 쳐대니
너마저도 외롭냐고
섬은 그렇게 외롭다

당신이 오지 않은 날의 섬은 더 외롭다

소쇄원 연가

머물다 간 바람은 어디로 가나 싶지만

그것이 뭐 그리 중하더냐
투죽위교透竹危橋

가슴에 품은 뜻 향기로 날아
광풍각에 맺히니

제월당 앞 꽃향기
벙그는 시냇물아

날 찾는 벗 없다마는
슬퍼마라
물 깊구나

대숲에 바람 소리 아직이라
지지 않을 이 그리움

백련사

나의 두 발은 언제나 당신을 향해 있소
그것도 모자라 이리 멀리 마중을 나왔소
때로는 천천히
때로는 격렬하게

그러다가 나지막하게 수근거리던 동백이
먼저 반기는데
나 그만 동백꽃에 흔들리고 말지만
동백이 지천인 여기 백련사에서
신음하며 무너지고 말지만

당신이 어떤 모습으로 오시던 기다릴라요
환하게 웃는 꽃이 되어 기다릴라요

당신, 너무 늦지는 마소
매화꽃마저 저리 터지니
확실히 여기는
마음 둘 곳 많아서 큰일이오

선암사 가는 길

선암사 목장승 그저 반갑고
매화 향기 진동하니 그저 향기롭고
품었던 욕심 사라지니 그저 가뿐하네

누하진입樓下進入이라
엎드리는 겸손을 가지라

개구즉착開口卽錯이라
입을 열어 말하려 말지라

깨달으면 말이
필요 없더라

바랄 게 없으니 꽃길이네
승선교 아래 물소리 경쾌하네
무거움 해우소에 두었다면
그것은 덤일세

운주사雲住寺

새색시 발끝같이 옴팡지던 수줍음으로
마냥 행복하던 춘삼월 봄날
안개에 쌓인 듯 스멀한 운주사에 맨 처음 들어서면
하늘 높은 줄 모르고 우뚝 선 9층 석탑이 자리하니
그날의 염원이 훨훨 날아 석탑으로 분하고
천년의 시간을 돌고 돌아 이끼 낀 소망은
여기저기 너나없이 불상으로 자리하니
그 수가 천불이라
여느 불상들처럼 처마 밑 서까래에
빗물 받아내는 호사는 바라지도 않으니
그 기특함이야 어찌 말로 다할까
내 몸이 돌이니 바위에 기댈 수만 있다면
내 염원은 여기서부터라고
흩어진 불상은 희미한 몰골이 다반사라
웃어 보이지도 않으니 너의 시름을 가졌더라
작고 허름하니 그 앞에서 맘껏 쉬어가라 하네

온 산을 헤집고 만민 백성의 넋두리를 헤아리니
네가 오늘은 와야 할 곳이로구나

이제 보니
인간이 살아오면서 절실한 것은 무엇이었을까
이들이 바라는 염원은 또한 무엇이었을까
그 염원이 쪽빛 닮은 하늘 아래 사랑이라서
천불 천탑으로 자리한 것은 아니었을까

기다림의 해답을 길고 긴 시간 운주사는
아직 품고만 있는 것은 아닐까

하여, 누가 이 와불을 일으켜 세울 것인가
하면, 누가 이 천불 앞에서 고개를 숙였던가
칠성바위에 누워
하늘에 묻어 둔 혜명惠明의 혜안을
받을 자는 누구던가

마당바위를 오르니
거저 얻어지는 법은 없다 하네
뒤돌아 다시 뵈오니
소박한 극락왕생이 보이는 듯하구나

남해 고사리밭 연가

고사리 따러 가세 고사리 따러 가세
동대만으로 고사리 고사리 따러 가세
고사리 한 줌이면 내 새끼 배 불리고
고사리 한 줌이면 내 새끼 월사금이지
망태야 어서 가자 고사리밭으로 가자

하늘 아래 어디를 봐도 고사리 뿐이고
바다를 발밑에 둬도 고사리 뿐이라네
엉금엉금 기어서 끊다가 보면
폭삭폭삭 주저앉아서 끊다가 보면
끊어지는 것이 어디 고사리 뿐이랴냐지
이른 새벽
젖 한 모금에 내 새끼 창자 다 붙겠네

만 가지 생각이 눈가에서 흰주름을 만들면
꺼억꺼억 주름을 삼키다가
기다가 앉았다가 뒹굴다 보면
끈적끈적한 땀방울이 구름처럼 몰려오고
하루해는 동대만에서 눈 벌겋게 뜨고

어서 집으로 가자고 조르는데
공룡수염 같은 구불구불한 고놈을 잡아채느라
허리가 끊어졌는지
일어서는 허리에서 똑깍 소리가 나는데
할 일 없는 무심한 눈물이 쏘옥 빠지는데
어째 사는 것이 다 이 모양이 다냐
무얼 찾아 이 길에 와서
허리 한번 펴기가 이리 힘들다냐

앉았던 자리 움푹 패인 곳을 보니
손잡고 가자던 눈 벌건 석양이
금세 자리 차지하고는
내 등을 미는데

한 짐 지게 앞에서 눈치 없는 서방은
흙 묻은 치맛자락 잡아 이끌며
내 등허리에서 집 짓자 하네
아이고, 마소! 마소!
내 등허리 부러진 지 오래라오

콩팥 같은 당신

마음이 간질거리는 날이면
남해 바래길은 걷기에 제격이지
적멸寂滅의 바다는
서럽고 아름다운 발걸음들을 허락했어

걸으면서 만나는 하늘과
걸으면서 만나는 바람과
걸으면서 만나는 당신은
수평선 너머 어딘가에 늘 있었지

당신은 봄이면 꽃으로 피었고
여름이면 낮달 되어 유혹했지
가을이면 슬픈 노래를 불렀고
겨울이면 속을 훤히 드러냈지

어쩌면 강낭콩 같고 콩팥 같은 당신은
콩꽃처럼 헤살거리며
미역을 고둥을 파래를 따놓고
수평선 너머에서 첫날밤처럼 기다렸어

청상과부 우리 할머니 허리 같은
구불구불 가천지갯길을 걸을 땐
흙이 하분하분해지던 것을 코가 매웠어
그럼에도 바다가 허락한 길

그렇군, 그 세월이 숨 쉬는 바래 바래길
망수잡이가 흔든 산죽나무 신호에
갯것들은 일제히
적멸의 바다에서 열반에 들었다지

*적멸(寂滅) : 번뇌의 세계를 완전히 벗어난 경지. 생멸이 함께 없
어져 무위적정한다. 곧 번뇌의 경계를 떠난 열반.
*하분하분 : 물기가 있고 조금 연하고 무른 모양.
*망수잡이 : 신호수, 남해지역에서 고기잡이 배에게 고기 떼의 움
직임을 산에서 알려주는 신호수.

사월의 벚꽃*

하얀 눈처럼 흩날리는 꽃길의 사월은
더디 오는 사랑만큼 아파라
차마 눈 들어 볼 수조차 없는 눈부심이
어디서부터 왔던가
스치우는 바람도 조심스러워라
견딜 수 있을 만큼만 서 있을 것이다
숨소리가 가쁘다

가지 끝, 어느 한 군데
터지지 않은 꽃이 없으니
아이야, 걷다가 넘어지는 일은 없거라
사월이 가기 전에 꽃이 지면
내 그리움도 지거늘
가만 기대어 쉬어 갈 곳
내 서 있는 곳뿐이란다

한낮의 호수에도 꽃은 피었으니
사월은 잔인하다
그 꽃 보러 가는 이, 뉘라서 말릴까

연못 속에 잉어도
마음은 바빠 괜한 걸음 하니
괜한 마음은 한없는 그리움으로
옷자락이 날리는 걸 알지 못하는구나

꽃길에 서니 숨을 쉴 수가 없어
꽃길을 걸으니 차마 들었던 발
내려놓을 수가 없어
꽃비가 내리니 말을 할 수가 없어
사월의 벚꽃 길은
언젠가 내 가는 그 길이고 싶어라
사랑이고 싶어라

* 사월의 벚꽃 : 화순 세량지를 가다 풍경을 훔친다. 산벚꽃이 사월을 밝히더니 한마디 한다. 맘껏 가져가라. 그래서 두고 왔다. 그대가 사월에 마음을 빼앗긴다면 그것은 내 탓이다.

목포 여행

폭염을 피하기엔 더 없을 거라고
가차 없이 내리는 햇살 바다에 맡기고
외로운 바람은 어깨 위 앉히고
호위무사처럼 따르는 갈매기는
낭만이 되어 줄 거라고
그리 생각했어

항구 뱃고동 소리는
소금에 절여진 간이역 같아서
내가 울지 않아도
떠나고 싶은 사람들에게는 길이 되고
떠나온 사람들에겐 설레임이 되어 줄 거라고

목포는 정말 그랬어
타오르는 정열이 그랬지
갈치속젓 같은 유달산이 그랬고
치장을 하지 않아도 살구꽃 향기가 났지

푸르디 푸른 자유가 울컥울컥 했어

강이런지 산이런지

버드나무 초록원삼에 갈대 화관 쓰고
물푸레나무 사모관대紗帽冠帶를 입은
지리산과 사랑을 나눈다

산에 살던 햇살이 그만 눈 둘 데를 몰라
갈대밭 사이로 내려서는데
속곳 차림의 바람은 신이 나서
낭창낭창 휘파람 불며
속도 없이 앞장서니
잠자던 은어도 어깨춤을 춘다

그때, 지리산이 허리를 굽히자
부끄러움도 잊은 채 와락
강이런지 산이런지 한 몸이 된다
벌건 대낮에 한 몸이 된다

섬진강은
봄이 그렇게 온다

곡성에서 온 편지

에미야, 잘 있지야
애비도 잘 있지야
애비는 어째 하는 일은 잘 된다냐
통 그런 말은 하지를 않으니
맬겁시 아심찮고 그런다
며칠 전에 우리 강아지가 전화를 했더구나
어린이날 선물로 핸드폰이 생겼다면서
번호를 저장하라는디
초등학교에 들어간 지 얼마나 되었다고
벌써 2학년이라고 하대
세월이 뒤에서 민 것도 아닌데 그렇게 금세 간다
지 애비를 닮아서 축구를 잘한다지
그놈 태어나고부터는
어린이날이면 달력에다 동그라미를 쳐놓고
책 한 권 사줄라고 기다리는디
이참에도 축구대회를 나간다고 못 온다 해서
내 속으로는 서운 터라

그래도 일간 한번 다녀가믄 쓰겄다

나도 몇 번이나 장미를 볼란가 모르겠다만
곡성은 언제부턴가
5월만 되믄 곡성 장미축제를 하더라
1,004 장미공원이라 하던디
장미가 기차마을에서 피는디
내 눈에는 꽃냄새가 꼭 밤 하늘에 떠 있는
별 맹키로 좋아 보이더라

그래서 말이다
그래서 그런가
색색이 이쁘기도 한 장미를 보려고
오지게 핀 장미를 본다고 너도나도 오던디
느그도 우리 강아지 델꼬
장미 핀 것 한번 보고 가거라

어찌 되었건 밥 잘 챙겨서 묵고 몸 성하고…
행여나 나 병원 가는 날 오믄
대문은 걸어만 두고
잠그지는 않을란다

무등산을 아시나요

무등산은 1,187미터 최고봉은 천왕봉
무등산 가는 버스는 1187번

광주 사람이라면
화순 사람이라면
담양 사람이라면
모르는 사람 하나 없는 산 무등산

입석대 서석대는 주상절리대
천연기념물 제465호
2018년에 세계지질공원 지정 우와! 멋져요

천왕봉 1,187미터
지왕봉 1,180미터
인왕봉 1,164미터
개방하면 갈 수 있어요

서석대 1,100미터
그 아래 입석대 1,017미터 늠름하지요

누에봉 1,072미터
신선바위 1,089미터
중봉 915미터
장불재 919미터
중머리재 617미터 오를만해요

용추봉 853미터
동화사터 805미터
새인봉 512미터 임금님 옥새를 닮았대요
토끼등 460미터 늦재까지 포장도로가 되어서
광주 사람들 마실터지요

바람재 480미터 토끼등과 늦재 중간지점
늦재 490미터 산장과 증심사지구 갈림길
꼬막재 738미터 산장과 담양 사이 고갯길

규봉암 850미터 주상절리에 쌓여 아름다워요
화순 8경 중 하나 이서면에 있어요

화순 낙타봉 930미터
광주 낙타봉 517미터
안양산 853미터 무등산편백자연휴양림 있구요
안양산에서 장불재까지 백마능선이라고 해요
가을철 억새 장관이 따로 없지요

만연산 688미터 양떼목장도 있어요
신선대 777미터 담양 가사문학관 넘어가는 곳

어머니 품속같이 포근한 산
새벽같은 산
힘내라고 토닥토닥이는 산
무등산, 무등산을 아시나요

비가 내리면

자작나무 숲에 비가 내리면
사락사락 자작자작
놀란 자리
해가 놀러 올 때까지
한동안 아프겠다
한동안 외롭겠다

흰옷은
화촉이고 싶겠다

제3부

밥상은 수수하지만

홍어

전라도 사람이라면 홍어를 한 번만 먹어본 사람은 없을 정도로 그 아리아리한 맛을 좋아한다. 밥상이고, 잔칫날이고 오르다 보니 겨울부터 초봄까지 영산포 나루터는 문전성시였다. 홍어는 특히 암놈이 맛이 좋은데 맨날 암놈만 잡히는 것은 아니었으니, 어부들에겐 비싼 값에 팔리고 싶은 맘이 앞서 숫놈 거시기를 잘라서 영산포 나루에다 던져버리고 안면몰수하고 장시들에게 넘겼다. 거시기를 뗀다고 될 일이겠냐만은 그때부터 '만만하면 홍어 거시기냐'는 말이 나왔다고 하니, 그 거시기가 그 거시기인가 싶지만 모를 일이고. 홍어를 가져와서 먹어보면 대번에 알지. 속아서 사 온 뻣뻣한 놈을 버리기는 뭣해서, 미나리 넣고 초무침을 해놓으면 그 맛이 과연 일품이지. 비싼 돈 주고 사 온 것이 억울해서인지 칼질을 해대며 "홍어든, 사내든 회를 쳐야 제 맛이 나는 것이여" 하시던 어머니의 말씀을 이제는 알 것도 같으니 나도 나이를 먹었나 보다.

노포

보들레르는 그의 시에서
시간의 무게 앞에서 미치지 않으려면
맨정신이지 말고 취하라 했다

술에 취하든
사람에 취하든
시에 취하든

음식에 취하든

하여,
시금치 무치고 고등어 굽고
제철 밥상 한 상 차려놓았더니
취하네

들깨밭 가는 길

들깨 익어가는 소리
그 밭 가는 길 내내 들린다
두루미는 어찌 알고
어머니보다 먼저 와서
꼬꼬꼬 찍찍찍

남은 알갱이는 기름 짜도 되겠니

오이지 물김치

대낮에 땀을 뻘뻘 흘리며 들어오셔서
밥상에 놓인 오이지물김치를 그릇째 마시고
"아이고 인제사 갈증이 가시네" 하시며
아버지는 송글송글 맺힌 땀을 닦으셨다

엄마는 오이지를 꺼내어 뚝딱뚝딱
"더운 여름날에는 짭짤한 오이지가 최고란다"
대바구니에서 밥 한 그릇을 고봉으로 담고
멸치 넣고 끓여놓은 된장국에
잘 익은 열무김치, 오이지 물김치를 올려놓고
아버지를 기다리셨다

그 여름이 눈에 선하다
까맣게 탄 아버지의 얼굴
오이지를 송송송 썰던 엄마의 손
뜨겁게 이글거리던 태양

그날이 아직 뜨겁다

장독대에서 꺼내 온 사과

곧 겨울이다

겨울이 오면 그 밤이 생각난다
함박눈이 펑펑 내리던 밤
늘 흥부네 집이었던 우리는
밤이 깊도록 잠은 오지 않고
문풍지를 사잇하고 들리는 북풍에
창호지로 비치는 눈 오는 소리에
이불 뒤집어쓰고
옹기종기 발가락 비벼가며
문풍지 밖 겨울들을
하나도 놓치지 않고 보면서
뭐 먹고 싶다는 생각을 동시에 했다
엄마는 어찌 알았는지
머리에 눈을 이고는
"아이고 추워라 낼은 눈이 발목까지 쌓이겠다"
하시며 바가지에 담아서 가져온
차디찬 사과들을 꺼내 놓는데

장독대 항아리에서 꺼내 온 사과가
어찌나 차고 달게 보이던지
먹기도 전에 침으로 고이는데
엄마는 그 차디찬 사과를 빡빡 문질러서
한 조각씩 앞에다 두는데
누가 먼저인지도 모르게 집어서 먹는데
사각사각 달콤한 소리가
눈 오는 소리랑 장단을 맞춘다

이불속에서는 꼬마 발꼬락들이
입 속에서는 맛있는 소리들이
먹으면서 쳐다보는 반쯤 웃는 눈들에서는
부처님 입꼬리보다 더 온화한 미소가

찬 바람이 불면
함박눈 내리던 밤에 그 사과가
생각 난다
그날 우리들은 부처님처럼 웃었다

엄마의 밥상

엄마와 아들이 오랜만에 밥상 앞에 앉았다
해풍 지나간 자리에 마른 소금 남듯
쩍쩍 갈라진 손에서 피가 날 것 같은데
엄마는 아들 온다는 전화에 화석 같은 손으로
밭 가장자리에 심어둔 아삭이 상추를
상추대까지 칼칼이 씻어서 상에 올리고
장독대에서 익은 된장 한 숟가락 푹 뜨고
쑥갓은 삶아서 조선장으로 간해서 무치고
홍고추 갈아서 찹쌀풀에 담은 상추지도 올리고
하지 감자는 쪄서 먹어도 포근포근하니 맛난데
멸치국물에 들깻가루 풀고 끓이면
여름날 보약이라며
한 그릇 가득 퍼서 담고
풋고추에 청양고추 넣은 계란찜까지 해서는
더 익어야 하는 풋콩 까서 지은 밥을
고봉으로 담으시고는
수저 놓을 자리도 없는 밥상을 밀더니
"차린 것이 없어서 어쩐다냐" 하시는데
가슴에서 뭉클한 것이 '쓰윽'

밥은 어떻게 먹으라고 그러시는지
눈물이 수저로 먼저 떨어질까봐
보약이라던 감잣국을 한 입 크게 떠 넣으면서
그제서야 엄마를 보는데
엄마는 아직도 수저를 든 채로
아들 입에 밥 들어가는 것만 보고 계신다

참 그렇다 참 그렇다

아삭이 상추를 된장에 찍어서 쌈을 싸는데
상추대의 흰 진액이 쓰게 입 안에서 고인다
엄마 눈 속에서
아삭아삭 소리가 난다
그 소리가 밥상 앞에서 아들 대신 운다
한 그릇을 다 비웠는데 "어여, 더 먹어" 하시는
엄마를 보며
아직 남아 있는 감잣국을 마저 먹는데
식은 감잣국이 아직 뜨겁다

유자

가을 감기는
유자청 한잔으로 날려버릴까 하옵고

가을밤은
유자 이야기로 지새울까 하옵니다만

그래도 되겠지요

밥상은 수수하지만

밥상이 수수하오
하루 종일 아둥바둥 고된 노고에
입맛 나는 게 하나도 없겠다 싶지만
긴 겨울 해풍을 담은 동초에
하늘을 이고 살았던 뿌리 깊은 흰 무와
저 멀리 서해바다에서 헤엄쳐 온 홍어
조신하게 밥상에 오르니
면역력에 좋다는 곡성 돼지고기
한걸음에 달려와 불판에서 죽어주는
귀염까지 부리는구려
날 선 바람이 문틈에서 기웃거려도
뜨신 밥을 배불리 먹어준다면
내겐 봄이 온 거나 매한가지겠소

봄의 선물

두릅이라 하였다
속이 허하고 더부룩하거든
입 안이 까끌거리고 밥맛이 없거든
통풍으로 손발 저리고 중풍 올까 두렵거든
또한, 늙는 것이 서럽거든
두릅을 먹으라 했다
동의보감에 두릅만 한 게 없다고 했다

먹고사는 일이 곤궁하던 시절
푸성귀를 먹던 시절에
두릅은 호사스런 반찬이었으니
두릅은 가시가 성글게 돋친
그 나무 꼭대기에서 새순이 피는 것인데
잎으로 크기 전에, 새순 모가지를
똑깍 끊어서 먹는 것인데
독특한 모양만큼이나
그 쌉싸름한 맛이 또한 일품인지라

피가 탁한 사람은 피가 맑아지고

간이 안 좋은 사람은 간이 해독되고
허나 약이든 음식이든 과하면 탈이 생기는지라
두릅이 뱃속에 든 독 해독한다지만
생으로 있을 땐 꼿꼿한 성질이 매우니
좋다고 과식하여 설사하는 일이 없도록
끓는 물에 적당히 데쳐서
소금 간하고 참기름 둘러 조물조물 무쳐 먹으면
가히 백년은 끄떡 없겠다

곡식이 여물지 않아서 굶고
채소가 자라지 않아서 굶던
곤궁하던 시절에 기근饑饉이 들면
채마 밭에 푸성귀가 전부였던 시절이 무색하게
요즈음은, 먹는 것이 많아서 병이 생기니
참으로 요상타만
봄철 두릅만 잘 먹어도
먹어서 생기는 병은 이긴다하니
두릅이야 말로
진정 봄이 주는 선물 아니겠는가

너 줄라고 청호시장 가서 사 왔다
- 맛있는데 눈물이 난다

엄마는 비가 오려고 그랬는지 삭신이 쑤신다며
"너는 괜찮냐"고 하시는데
마음이 비를 맞는지 촉촉해진다
"엄마! 나 보고 싶어서 전화한 거지"
"우리 엄마 보고 싶어서 마음이 쑤시는 걸 어떻게 알았을까"
"글믄 왔다 가거라", "그럴까"
"비 온다 빗길 조심히 온나", "웅"

"오고 있냐"
"금방 도착해요"

"엄마? 웬 낙지야!?"
"너 줄라고 청호시장 가서 사 왔다"
발목이 아파서 걷는 것도 힘들다면서
"마음이 쑤시면 쓴다냐" 하시면서
낙지를 탕탕탕 하시는 엄마

낙지 열마리를 탕탕이 해서 참기름 넣고
열무김치에 밥 비벼서 주시는데
비가 눈에도 오는지

"일하기 싫다고 땡깡 부리는 소도 벌떡 일어나게
하는 것이 낙지란다 꼬득꼬득한 것이 맛있겠다"
"낙지 먹었다고 소가 일어난 것이 아니라 낙지가
꼬물꼬물하고 다니니까 무서워서 소가 일어난 거지"
"그거나 그거나, 쓸데없는 소리 말고 맛있게 먹고
벌떡벌떡 다녀라"
"엄만 안 먹어?"
"엄마는 걱정 말고 너나 많이 먹어"

맛있는데 정말 맛있는데 눈물이 난다

나도 엄마처럼 그런 엄마 하려고 김치 담았다
"아영아", "지수야"
"안 바쁘면 다녀가라"

내 이름은 명태라오

나도 한때는 바다에서 살았었지
바닷속에서 마냥 행복했었어
욕심껏 파닥거리며 태평양을 누볐지
겁도 없이 삼킨 플랑크톤이 얼마나 많은지
잡히기 전까지는 그랬었어

나를 눕히고 아가미속으로 손을 집어넣더니
칼로 배꼽을 가르고 꺼낸 내장은 버리더군
살겠다고 먹어치운 무수히 많은 물고기들이
뱃속에서 썩고 뭉개져 있는 것을 보았어
버려진 내장은 왜가리들이 주워 먹더군
살았었다면 나를 넘보지도 못했을 텐데

겨울 북풍한설에 내장도 없이
아가미도 떨어져 나간 턱을 벌리고
노끈으로 엮어서 나를 말리는데
어떤 집은 시멘트벽에 못 박아서 걸어 말리고
어떤 집은 다 삭은 서까래 밑에서 말리고
또 어떤 집은 뼈 앙상한 소쿠리에다 말리는데

마르면서도 서러워서
갈라진 뱃속으로 들어온 바람을 붙잡고
하소연해 보는데
그새 딱딱해진 몸뚱아리가 이미 내가 아니더군
눈물은커녕 피죽 한 그릇 못 먹은 몰골은
골골마다 주름이 되었으니

어디 가서 나를 보거든
동태라 하지 말고 명태라 불러주오
살던 바다를 눈앞에 두고 죽어보니
죽음도 초연해지는군
꾸덕꾸덕 말라가는 내 몸뚱아리
황금빛 석양에서 황태가 되었거든

하루 종일 들 일한 시어머니 서방질했다고
악쓰는 치매 앓은 시아버지 아침국에
패서 넣어도 좋고
먹고살겠다고 발 동동거리는 울 서방님
소주 안주로 불에 구워도 좋고

새신랑 밤새 발딱발딱 뛰어오르라고
발바닥을 쳐도 좋다네

그대 인생에 눈비 올 때
나를 잘근잘근 씹어서
맥주캔에 부딪혀도 괜찮다네

그런데 그건 아시오
나도 한때는 바닷속에서 살았었다네
시퍼런 날에 파닥거리며
이리 죽을 줄은 몰랐다네

죽고 보니 알겠네
내 이름이 많다는 것을
살아생전 먹은 물고기들 업보가 쌓여서
무성한 이름으로 남은 것 같으이
잘근잘근 씹히는 것 같으이

좋은 음식의 미학

건강은 좋은 음식으로 말해야 한다
좋은 음식은 건설과 같다
좋은 음식은 인간을 만들고 사람을 키운다
잘 만들어진 사람은
옳고 그름을 판단할 줄 알고
생각을 이롭게 하고
이로운 생각은 사회를 바람직하게 한다

먹는 음식으로 이러한 것들을 해낼 수 있다
좋고 바르고 공정한 음식은
태어나면서부터 죽는 날까지 지탱해 준다

하여, 잘 먹을 줄 아는 것이
가족을 지키고
나라를 지키는 일이다

제4부

―

만약 당신이

나는 곱뿌, 너는 고량주

니가 아무리 힘센 58도 고량주라 해도
나는 곱뿌가 없으면 안 마실란다
니가 아무리 생애를 걸고 흔들어대도
나는 곱뿌가 없으면 안 마실란다

곱뿌만 있다면
니가 비로 오고, 비로 오는 오늘
나는 곱뿌에다 당신을 부어서 마실란다
니가 58도 고량주가 아니라도
나는 곱뿌에다 당신을 채울란다

당신이 취하든
당신에게 취하든

당신으로 인하여

내가 이렇게 좋은데
당신은 얼마나 더 좋을까

눈앞에 두고도
아린 당신이

때론,
먼 산 같아서

하염없었어

당신으로 인하여
아침이 오네

술병 앞에서 시인이 되다

꽃 피는 봄날만 되면
나는 왜 술이 고플꼬

흐드러진 꽃은 나를 보고 환장하는데
나는 왜 꽃은 안 보일꼬

남들은 꽃향기에 취한다더만
나는 왜 술에 취하는고

친구 따라 강남 간다고
비 오는 날, 비 몇 사발 마시믄
정신 차린다고

어라, 비 온다
정신 차리러 가보자

아, 좆갔네
술만 더 고픈 미친 짓을 갈촤준
죽일 놈

일출

가지런히 뻗어오는 것이
치자꽃 향기 같아서
그러다
확
감기어
오는 것이
배꼽을 간지럽히는
은밀함 같아서

나, 당신에게
달려가고 싶었어

사랑도 테이크아웃이 된다면

사랑이 아파서 눈물 흘리면서도
그 사랑이 다시 오면
다시 웃는 것이 사랑이라 하니

사랑도 테이크아웃이 된다면
그리할 수 있다면
내 사랑도 테이크아웃 할 거야

온몸 나른하도록
파묻혀 보던 영화도
좁은 자동차도 힘들지 않겠지

아껴 먹어도 마시고 나면
비워지는 종이컵은 버리지만
테이크아웃 한 사랑은 닳지 않겠지

커피만 테이크아웃하고 마는
오늘이지만 말이야

사랑하는 나의 사람아

해도 되고 안 해도 되는
그런 사랑 아니라
해야만 하는 사랑
이미 하고 있는 사랑

봐도 되고 안 봐도 되는
그런 사람 아니라
봐야만 하는 사람
이미 보고 있는 사람

'너'이고 '나'이던
그런 세상에서
비 오면 피는 꽃처럼
그리 될 운명이라서

그것이 우리 가는 길이고
가야 할 길이란 걸
나의 사람아
나의 사랑아

작약 피거든 주인처럼 오시어요

그대 오시려거든
작약 환히 피는 계절에 오시어요

짙푸른 여름날이면
망설이지 말고 오시어요

꽃대 휘도록 몽실몽실 핀 채로
겹겹이 꽃이 되어서는
고풍스러운 향기는
그대 오시는 길에 걸어두고서
애저녁부터 몇 날을 기다리다
달뜨는 밤에도 수줍게 기다리다
기어이 끙끙 앓다가
새벽녘 꽃잎 떨구고 나면

그제서야 상심할 테지요

작약 피거든 주인처럼 오시어요
지체 말고 오시어요

한 잔 따라보게나

한 잔 따라보게나
유월 하늘 아래에서 익어가는 살구빛 속살로
잔을 채워보게나
손끝으로 전해져 오는 그 떨림으로
한 잔 마시고 싶구만

저녁이면 꽃이 피는 내 심장을
잔 속에 채우려네
한 잔 따라보게나
꽃술 한 잔에 나 잠들고 싶구만

채워도 채워도 채워지지 않을 그리움을
한 잔 술이라도 넘치게 따라보게나
신음하는 미루나무 달빛 걸어두고 홀로 춤춘다네
한 잔 따라보게나
달빛 따라와 담긴 술 한 잔 들이키면
그대 향한 그리움 내 안에 스미겠지

잔을 채워보게나

떨면서 건네던 마음

"기다려봐라" 하면서
생각을 모았을 테고

꽃을 따면서
허리를 굽혔을 테고

꽃으로 꽃을 묶으면서
마음을 얹었을 테고

그 마음을 건네면서
당신은 떨었을테요

이제 알아요
떨면서 건네던 마음

그것이면 되어요
그것이면 되었어요

그 사랑 하나라면
천년은 족히 살 거예요

야심한 밤에

야심한 밤에
집필을 하다 말고
밤호박찜을 한다

밤호박 바닥에 깔고 돼지고기 넣고 대파도 굵직하게 썰어서 넣고 깻잎 남은 것도 넣고 물 자박하게 해서 양념장 끼얹고 끓인다 보글보글 끓는 냄비 속을 뚫어져라 처다본다 맛을 본다

히야, 기가 막히다

맛은 술을 부른다

야심한 밤에 비도 오고
하여, 어쩔 수 없었다

소주 한 잔 앞에 놓고
포근포근 익은 밤호박에
대패삼겹살 감아서 먹었다

쫄은 국물을 떠먹었을 땐
그래! 상상에 맡길란다

그 사람이 사랑을 한다

떠날 준비가 되어 있는 사람도 사랑을 한다
발목에 잡혀 묶여버린 인생이
치렁치렁 열러서는
한 세월을 벗겨내도 벗겨지지 않아
아예 떠날 준비를 하던 사람이
더 이상 체켓돈처럼 꾸어 올 기력도 없어서
물새 앉았다 간 자리에 앉아
어디서부터 버려야 하는지도 모를
세월을 벗기다가
그만 양파 속살에 미끄러져서는
세상에서 정물로 살 땐, 그리도 맵던 양파가
속으로 치달을수록 달고 달아서
한번도, 제대로 울어보지 못한 울음을
이제사 흘리는 눈물을
감추기에 적당하기라도 한 듯
양파를 씹어서 삼키는데
세월에 걸려 무릎은 닳고 다리는 휘어서
어디로 가야 하는지 알 수 없었던
그것이, 핑계가 되어

야금야금 사랑을 하는데
다시 벗겨내어야 할 세월만 겹겹이 쌓인다

앉은 자리에서 일어날 기력은
여전히 없는 듯
하지만, 그 사람이 사랑을 한다

목소리에는 단물이 들었다

그날 밤

그날 밤,
살구꽃 자정子正 넘어 피었길래
술 한잔에 수작이나 걸어볼까 했더니

아뿔싸
달님이 새벽 오도록
향기를 품고 있네

수작은커녕
그 자리에서 달빛 걸어두고 홀로 취했더니
달님이 뒤통수에 대고 내 키 크다 하네

만약 당신이

만약 당신이 온다면
첫눈처럼 왔으면 좋겠어

하얀 눈꽃송이
심장에 내리면
당신은 그거 알아요

내 심장이
당신의 언 손을 녹일 거라는 걸

찬바람 불어도
내 심장은 얼리지 못한다는 걸

제5부

당신의 숲

가끔은 저절로 알게 되죠

지금只수, 나아가는 중이에요
강물 냄새를 따라
나아가고 있어요

절대로
절대로 멈추지 않아요

다다를 때까지
멈추지 않아요

가끔은 저절로 알게 되죠
바람이 불어온다는 것을

당신의 숲

당신의 숲에서
나는 새가 될래요

볕이 좋은 날엔
강으로 가서
물 위를 날을래요

나른한 오후가 되면
바람에 기대어
쫑알쫑알 노래할래요

풀잎도 춤추는
향기로운 숲에서
날으는 새가 될래요

당신의 자서전 · 1
- 일기

오늘은 집으로 작가 선생님이 오셨다
내가 살아온 이야기를 책으로 쓴다고 한다

내 인생 이야기가
뭐가 재미있다고 오셨을까

나는 살면서
웃을 때도 있었고 울 때도 있었고
그리울 때도 있었다

그것이 다다

되짚어 생각해 보면
나는 행복하게 살고 싶었지만
세상이 어디 호락호락했어야 말이지

힘들었을 때가 언제였냐고
기뻤을 때는 또 언제였냐고

후회한 적은 없었냐고

살아놓고 보니
힘든 일도 기쁜 일도 다 지나간 일이고
이제 와서 후회 한들
그저, 오늘이 내 인생이다

다만 아쉬운 것이 있다면
우리 집 양반도 쫌만 더 살다 갔으면…

이렇게 좋은 시상이 올 줄 몰랐지

당신의 자서전 · 2
- 일제 강점기

그때, 엄마 치마폭 잡고 뒤로 숨어서는
감꽃이 몇 개 달렸는지 세는 것을 보면서
해방이 뭔지는 몰랐어도
일본 놈들이 무섭다는 것쯤은 알았다

저녁때가 되면 먹을 것이 없더라도
물이라도 끓이는데
굴뚝에서 연기가 모락모락 피어나면
그놈들이 연기처럼 나타나서는
솥단지 안을 주걱으로 휙! 휙! 젓는데
그때 주걱에 뭐라도 걸리면 안 된다
젓을 때 주걱이 쑥쑥 나가야지
젓다가 빡빡하면 그것을 퍼가지고 가버리는데
밥이 덜 돼도 탁! 엎어가지고 가버리는데
가면서는 쌀을 감춰놨다고 난리를 쳐댔다
죽도 빽빽하면 안 된다
그때는 보리밥이라도 먹고 산 집은 있는 집이고
싸래기도 없어서 송피 벗겨서 먹었는데

일본 놈들이 넘의 나라에 와서는
솥단지까지 뒤져서 가져갔던 것이다
익지도 않은 보리수 열매를 먹은 것처럼
떫떠름한 것이 목구멍에 걸려서는
우는 것도 맘대로 못 울던 그런 때였다

그것이 나라를 잃어버려서
생긴 일이라는 것을

해방이
일본 놈들한테서 벗어났다는 말이라는 것을
엄마 목젖이 보이게 키가 크고 나서야 알았다

이제는 감꽃 개수도 세러 오지 않는다는 것을
그제서야 알았다
그제서야 알았다

당신의 자서전 · 3
- 보라색으로 꽃을 피우면

마당에는 고추도 심고 방울토마토도 심었소
누구라도 오면
먹을 것이 있으면 좋지 싶어서 심었는데
죽지 않고 잘 크고 있구려
마당 텃밭을 그냥 뒀으면 풀만 무성했을 터인데
그거라도 심어 놓으니 사람 사는 집 같고 좋소
옥수수도 심었소 당신이 좋아라 했던 옥수수요
애들 클 때 옥수수를 쪄서 놓으면
어찌나 맛나던지
지금은 맛있다고 쪄 놓아도
예전만큼 맛난 줄을 모르겠소
사람 키보다 더 큰 놈이 익을 때면
꺾어서 따는 재미가 쏠쏠했지
그 소리가 지금도 들리는구만

아프고 나서는 기억도 가물가물한데
어쩌다 기억이 오면 당신이 보고 싶소
10년도 전이었지

당신 죽어서 나를 떠난 지가 말이오
그때 나는 왜 안 죽고 살아서
이렇게 혼자서 마당을 왔다 갔다 하는지
그런 생각을 할 때가 있소
그래서 슬프오
혼자 있는 것이 슬프오

보리죽 끓여서 먹다가 통일벼를 심었는데
나락 모가지 주렁주렁 열릴 때
김이 모락모락 나는 흰쌀밥을 해서
밥상을 내왔는데
어찌나 달고 맛나던지
당신은 부자라도 된 것마냥
새끼들 밥 굶기지 않아도 된다고 좋아라 했소

마당 한쪽에서
도라지가 보라색으로 꽃을 피우면
당신인갑다 하오

당신의 자서전 · 4
- 무상한 세월

바람 소리도 밀어내고
구름도 밀어내고
엉덩이는 들이밀고
당산나무 그늘 아래에서 웃던 그날
초록으로 익은 완두콩처럼 웃던 그날
그날들은 다 어디로 갔을까

깔깔거리며 웃던 소리 아직인데
무상한 세월 얹어 쪄 놓은 완두콩
초록으로 여전한데

보리 모가지 익어가도
바람 소리 여즉 있는데

세월은 미끄러지듯 가버리고
귀밑머리 보기에도 아깝구나

형제兄弟

'형은 내가 좋아'
'응! 아니'
'그럼 내가 싫어'
'음, 아니'

'형은 니가 추울 때 자크 올려줄 거야'
'내가 형이니까'
'니가 걷기 싫을 때 업어줄 거야'
'내가 형이니까'
'형! 그럼 업어 줘'
'업혀'

'형은 아빠 같아'
'나도 알아'

어머니, 당신은 꽃이예요

잘난 척하는 사람들이
무슨 생각을 하며 사는지 모르지만
우리 어머니가 무슨 생각을 하는지
무엇을 하고 싶은지는 안다

바람을 보고도 비를 보고도
당신이라 말하고
꽃이라 말하고
어머니, 당신이 꽃이예요

사랑이 뭔지
웃는 게 뭔지 슬픈 게 뭔지
당신이 모아 둔 새벽 별이 밥알이 되고
당신이 심어놓은 감자가
바다처럼 큰 행복이라는 걸

당신을 아프게 했던 말 한마디가
살아가는 동안 등불이 된다는 걸

말하지 않는다 해도
지금 기억이 없다 해도
지금 아파서 웃지 못한다 해도
어머니, 당신은 꽃이에요

피었다가 지는 꽃이 아니라
지지 않을 영원한 등불이에요
예전에도 그리했던 것처럼
오월처럼 푸르시어요

엄마는 말씀하셨지

우리 엄마 말씀하셨지
늙는 것도 서러운데
아직 다리가 걸을만하여
지팡이라도 짚으면 그나마 낫지
자칫 여름날 숭어꼴 난다고

젊은 날 시어머니 치고
범虎 한 마리 안 잡아본 사람 없다지만
눈 동그랗게 뜨고 허리에 손 얹고
목소리까지 쩌렁쩌렁한 며느리 앞에서는
아무리 뜨신 밥이라도
혼자 먹는 식은 밥 한 덩이보다 못하다고
누운 나무에 열매 안 맺힌다고 하나
숯 달아서 피우고 쌀 세서 밥 짓던
그날이 그립다고

우리 엄마 말씀하셨지
할 수만 있다면

도깨비 대동강 물 건너듯 건너서
먼저 간 사람 얼굴 한번 봤으면
원도 없겠다시네

아니라네 그것도 아니라시네
여름 손님 사흘 못 간다고
모양새가 이 꼴이니
시앗 싸움에 요강 장수도 아니고
안 보고 싶다시네 안 보고 싶다시네

당신 가거든
"그때는 마중이나 나오소"
"쉬엄쉬엄 쉬엄쉬엄 갈터이니" 하시네

여름인갑다

앵두가 빨간 걸 보니 여름인갑다

모심는 날 받아놓고는
며칠 전부터 삽 들고 밤이면 논에를 가더니
앞 논 주인한테 딱 걸려서 멱살을 잡히고도
다음 날이면 기어코 들통이 날 일을
또, 물꼬를 틀고 오던 느그 아부지가
바지에 묻은 흙을 씻어내면서
그 옆에 있던 나무에서 앵두를 훑어서는
우걱우걱 씹어서 먹든디
좋아하지도 않는 것을

한번은 앵두 익은 것을 본께
느그 아부지 생각이 나서
뻘건 앵두를 하나 따서 먹는디
씨가 솔찬 허던디

느그 아부지는 그것을 뱉었으까 어째으까이

그때 물댄 논에 나락이 잘 된 것을 보고는
이빨을 드러내지도 안하고 크게 웃던,
저그 있는 느그 아부지가
앵두 익은 것은 아끄나

어머님 전상서

  시골을 가면 언제나 어머니 당신이 계셨습니다 마을 어귀의 정자나무처럼 늘 그 자리에 계셨습니다. 해와 달이 수만번은 바뀌어도 변하지 않을 믿음처럼 우뚝 서 계셨습니다

  처음 결혼을 해서는 어머니 당신은 산처럼 크셨습니다 아이를 낳고 키우고 그러던 어느 날, 당신을 보았습니다 당신은 어린아이보다도 키가 작으셨습니다 자식들은 다 커서 하늘 높은 줄 모르는데 당신은 허리가 휘고 다리는 고무줄보다도 가늘었습니다 당신의 튼튼하던 다리는 자식들 다 내어주고, 팔목은 시려서 호미질 한 번 하시기가 버거운 삶인데도 밭고랑엔 풀 한 포기가 없었습니다

  풀 뽑아둬야 감자가 굵어진다시며
  고구마가 실하다시며
  콩이 여문다 하시며
  넘어질 듯하면서도
  잰걸음은 하루해를 앞섰습니다

사랑한다는 말로는 부족한 어머니
　아프셔도 아프시지 못하셨던 어머니
　살아계시는 동안엔 꿋꿋하게 부모님이길 고집하시던 사랑하는 우리 어머니

　당신 떠난지 20년이 되었습니다 당신은 정자나무의 바람이 되었지요 11월 끝에 부는 바람이 되었지요 차가운 바람이 정자나무에서 멈추는 걸 볼 때면 당신 생각이 납니다 매운바람이 콧등을 시리게 해도 저희는 잘 지낸답니다 당신이 매운바람을 잡아둔 덕분이지요 그치만 그 매운바람이 당신인 듯 하여 눈물이 납니다

　어머니, 보고 싶습니다 거기서는 잘 지내시는지 아프시지는 않는지 애들이 크는 것을 볼 때도 김장을 할 때도 당신이 보고 싶습니다
　사랑합니다 어머니!

마지막 인사

그대는 천천히 사시오
마음 얼리지 마시고 사시오
손에 쥐려 마시고 늘 편하시오

어디를 그리 급히 가십니까

그대는 말해줘도 모를 거요
좋은 곳을 가시나 봅니다
고운 옷 입으신 걸 보니
그대는 고운 옷보다 더 곱구려
별말씀을요
좋은 곳이라도 쉬엄쉬엄 가십시오
그게 맘대로 안됩디다
살아보니 그게 그럽디다
손에 든 짐이라도 좀 들어 드릴까요
아니요 이 안에 든 것이 신발인디
무거운 내 몸 이고 사느라
고생한 내 발이 신을 신발인디

내가 들고 가야지
거기가 어딘지 저도 가고 싶습니다
나중에, 나중에 갈 것이외다
그러니 그대는 어서 집에나 가시오

그나저나
신발은 두고 가야겠소
부질없소

가져간들

당신이 기억을 잊어버려서

당신의 마음 안에는
언제부턴가 바람이 살고 있었어요

강 건너 어느 마을에
복사꽃이라도 피었다는
소식을 들은 겐지
도시락 싸 들고 머리 빗고
곧 달려갈 태세로 앉아서는
새로 산 운동화를 보고도 꽃신만 찾는

열아홉 살의 그 봄을
당신이 잃어버린 그 기억을
그렁그렁 흐릿해진 눈 속에다 묶어두고서는
당신이 기억을 잊어버려서
쑥대밭이 되어버린
소쩍새만 울어대는
당신이 살았던 집을
찾아갈 수도 없으면서
왜 꽃신이 안 보이냐고 하면

대답을 못하는 나 말고
감자 몇 개 담은
도시락 뚜껑을 열어 보아요

그 안에 복사꽃이 피었을 거예요

제6부

수작을 걸어오거든

당신은 어디에도 있습니다
- 광양 망덕포구에서 별을 헤다

어제 그런 일이 있었습니다
광양 망덕포구를 갔더랬습니다
꽃길이, 그 꽃길이 하도 애달아서
하동으로 가서 케이블카를 타고
광양만으로 펼쳐진 남해바다를
내려다보았습니다
신선처럼 하늘 위도 거닐었습니다
걷다가 부처를 만났습니다
하마터면
날마다 부처한다고 머무를 뻔했습니다

참으로 그랬습니다

섬진강물이 광양 배알도를 만나면
그 생을 다한다지요
하동포구를 지나 망덕포구에 다다라선
윤동주를 만났고
윤동주를 사랑했던 시인 정병욱을 만났습니다

시인이 살았던 집은 술도가였습니다
술도가로 즐비한 포구의 어느 선술집에서
막걸리 한잔과 도다리쑥국을
먹었습니다

놀라운 것은 손바닥만한
벚굴을 홀짝홀짝 빨아먹던 일입니다
그 사이로
벚꽃으로 휘영청 밝힌 봄날

그랬습니다
벚꽃 핀 언덕에는
언제나 당신이 있었습니다
당신은 어디에도 있었습니다

곤궁困窮하다는 것은

어
떠
한
일
로
도

만
족
함
이

없을 때

하여, 만족하지 않을 때
곤궁하다

당신께서 내게 말미암으심은

당신께서 내게 말미암으심은 緣由함이시라
내게 벼리이신 당신은, 維
바라만 보아도 좋을 당신은, 有
가만 두어도 좋을 당신은, 流
그렇게 잊히지 않을 당신은, 遺
그로 인하여 아름다운 당신은, 由
내게 별이신 당신은, 柳

그러한 당신께서 내게 머무르심은, 留
내게 봄이고, 柔
내게 젖이고, 乳
내게 넉넉함이고, 裕
내게 생각이고, 惟
내게 깨우침이고, 喩
내게 대답이시다 俞

거미 집 쌀 시간

비가 온다는 일기예보가 반가워
우산을 들고 현관문을 나섰습니다
봄날 비 소식은 겨울밤에 먹는
홍시처럼 달거든요

희뿌옇게 엉키어진 우산을 펼치는데
그 안에서 구름다리 만들어놓고 살던
거미란 놈, 한순간에 무너져버린 집을
어쩌지 못하고
남은 씨실 한 줄 질질 끌고
도둑놈 빤쯔도 못 입고 도망가듯이
화들짝 놀라서 도망치는데
도망가는 거미의 뒤통수가 빼빼 말라서
아! 오지 않은 비가
거미의 숨통까지 조였는 갑다 싶으면서도
나는 우산 접을 생각을 못했습니다

비를 배웅하러 가는 길이
거미에겐 저 잡으러 가는 줄 알았던 겐지

뭐 빠지게 달리는 그 아슬아슬함이
눈앞에서 사라질 때쯤
저만치서 당신이 오시고 계시었습니다
그 걸음걸음이 어찌나 좋던지요
바들바들 떨면서 쿵쾅거리던 심장이
복사꽃 환하게 피듯
그 경계에서 피어서는
어찌 기척도 없이 오시느냐고 묻기도 전에
부는 바람 사이로 후두둑 후두둑
우산 위에서 먼저 내리더이다

그랬나봅니다
당신이 오신다는 소식이었나 봅니다
우산에 세 들어 살았어도
눈치는 있어서
도망가 준 거미도 그렇구요

그렇더라도, 당신 이젠
기척이라도 하고 오시어요
거미 짐 쌀 시간은 주어야지요

거기 있니, 나 여기 있어

니가 살면서 힘이 들면
내 이름을 한번 불러봐
내가 살면서 힘이 들면
니 이름을 한번 부를게

난 오늘도 거침없이 살지만
그렇다고 힘들지 않는 건 아니야
니가 거기 있어 힘내는 거야
니가 거기 있어 힘나는 거야

밤이면 파아란 달님이 마중 오듯
니가 부르면 마중 갈게
너도 날 마중 오렴

그리움이 될라요

밤보다 길다는 하짓날(夏至)에
더운 하짓날에 감자를 삶았다
감자는 뜨거웠다
이내 뜨거워서 몇 번을 으깨어서 먹었다

긴 하루가 그리 지나는데
밤하늘에 달빛은 또 왜 그리 뜨거운지
새파란 달빛이
낮에 먹은 감자보다 더 뜨겁다

이대로 당신에게로 가서 그리움이 될라요

별거 아닌 사랑

남샛빛 가을이
출렁출렁 여름을 건너서
그리운 사람처럼 오면
황금 들판은 일제히 기마병이 된다

그런 가을이 오면
한 줌 햇살을 청춘처럼 이고
허리는 꼿꼿하게 세우고
담대한 머리는 숙이고
심장이 비옥肥沃한 사랑을 할란다

마음이 비처럼 내리면
가만가만 길을 터주고
해가 나면 해에게 등짝을 말리는
엎치락뒤치락 나락처럼
한나절만이라도 행복할란다

햇살이 붉어서 심장을 흔들면
귀가 빨갛고

겁 없이 땀방울로 범벅이 되겠지만
그 사랑, 참으로 비옥肥沃하겠다.

분분芬芬하더이다

바람 언저리를 걷다가 만난 저 그리움이
그것이 다시는 일 것 같지 않던 떨림마저
불러 세우니
진달래가 불붙는 산에 가야만
보이는 것은 아니듯
어쩌면 그것이 당연하기라도 하듯이
어찌 그리 불쑥 오시는지
허나, 말해 무엇하겠습니까마는
내 하루가 분분하더이다

사랑만 갖고 살다간
실속 없기가 따논 당상이라던
억지 아닌 억지 같은 논리로
내 감정을 절용해 버리던
국어책의 훈화薰化는
오늘부로 새까맣게 잊어버리기로 하고
나는 저 그리움 앞에
맨몸으로 설라요

마치, 분분하던 내 하루가
화장을 마친 뱀의 유혹이라 할지라도
고된 숨소리로 청량하던 목소리를
두고 왔다 할지라도
종일토록 걸어서 오시는 그 귀한 걸음을

나는 오롯이 보듬을라요

무릇, 흐른다는 것은

유혹하려 하지 마라

산이 그러했든 물빛이 그러했든
산허리가 물빛에 감긴 것은
저들의 일이란다

산허리를 감은 물빛이 능선을 타고 흐르든
굵직한 나무기둥에서 먼저 흐르든
내버려 두어라 가만 두어라

골 깊은 골짜기에서 뒹군다 한들
길어진 팔로
어딘들 흐르지 않겠느냐

천둥번개가 몰아친다 한들
그것이 다 무슨 소용이더냐
오히려 산을 들쳐 업고서라도 흐를진데

무릇 흐른다는 것은 멈추는 법이 없어서

물빛을 거두지 않는 한
저들은 매번 그리 흐를 것이다

유혹하지 마라

거짓말과 진심

"절대 손에 물 묻히게 안 할게"라는 말은
"사랑하니까 보내는 거야"라는 말과
같은 걸까요

어떤 사람이 있었습니다
그 사람이 사랑을 했습니다
평소에 갖고 싶었던 인형을 손에 쥔 것처럼
사랑을 했습니다

사랑한다면 말이야
절대 떠나면 안 되지 항상 곁에 있어야지
사랑해서 떠난다는 말은 거짓말이야
사랑하는데, 사랑하는 사람을 두고 왜 떠나?

그랬던 사람이
"사랑해서 떠난다"는 말을 이해 못 한다던
그 사람이 떠났습니다

그 사람의 사랑은 거짓이었을까요

그 사람의 사랑은 진심이었을까요

채칼에 손이 베어서 병원을 갔습니다 의사 선생님은 손에 물 묻히면 덧난다고 알아서 하래요 그래서 알아서 합니다 사랑도 알아서 합니다

불현듯, 그대 오시니

개울가
살얼음이 열어둔 창문으로
햇살 타고 허허거리며 들어선다

그새 소문이라도 났나

살랑거리는 바람이 여간하다
한해 터 잡고 살 기세다
아닌척 반가워 콧등으로 붙잡는다

불현듯, 그대 오시니
흙마당도 꼼지락거린다

내친김에 지신밟기로
꼴 뵈기 싫은 넘들 털어내오니
"니들 다 죽었어" 해 주어요

불현듯 오시었지만 그대
고운 꽃 만발할 흙마당에서

놀다 가시어요
나는 그대 곁에서 향기로울 테요

수작을 걸어오거든

수작酬酌을 걸어오거든
계영배戒盈杯만큼만 마신다 하여라

허나 그 앙증맞은 의도가 고스란히 드러나는
복숭아빛 마음이 술잔에 비친다면
술독에 빠져서 주도酒道가 삘겋더라도
그 어떤 이유에서라도 취醉하지 않을 것이나,
네 잔만큼은 그 마음을 곱하여 마실 것이다

이런 수작이라면 나는 얼마든지 술을 마시겠다
아무 데서나 펼쳐 보일 수 없는 이야기가
그 수작 앞에서 진심이 된다면 나는 술을 따르겠다
어쩌면, 봄날이 더 뜨거웠던 적이 있었던게지
부딪치는 술잔에 부귀영화가 다 무슨 소용이더냐
그냥 그대로 그 어떤 이유라도 뜨거우면 되었지
그것이 술이지

흐드러진 봄날을 어쩌지 못해 마시는 술도
네 앞에서라면 다시 뜨거울 것 같지 않느냐

하여, 계영배戒盈杯라 할지라도
넘침을 경계하여 마신다면
술이 수작질로 이어질 것도 없고,
마음에 꽃물 들 듯이
차분히 내 주량을 알아서 적당히만 마신다면
한 번쯤은 수작 앞에서 해찰을 해도
좋지 않겠는가

당신이 이 기도를 들어주세요

특별히 종교가 있는 것은 아닙니다
그래도 기도를 합니다
아이를 업은 엄마의 기도를 들어주세요

이 엄마가 바라는 것이
먼바다로 나간 남편이 돌아오길 바라는 것인지
풍랑을 잠재워달라는 것인지
아이에게 아빠를 데려다 달라는 것인지
저는 알지 못합니다

다만, 아이 업은 엄마가 바라는 것이
당신이 들어줄 수 없는 것이 아니길
기도합니다

엄마의 등허리에서 놀고 있는 아이가
울지 않게 해 주세요
아무것도 모르는 지금
당신이 이 기도를 들어주세요

서하정 가족

우리 집은 서하정 가족
저는 조서율이고요
동생은 조하율 조정율

우리 집은 감나무 같아요
감이 주렁주렁

피아노 치는 서율이
그림 그리는 하율이
개구쟁이 정율이

엄마아빠는 우리애기 우리애기
할머니 할아버지는
우리강아지 우리강아지

감나무 춤출 때마다
웃는 감 우는 감 삐진 감 서툰 감
날마다 날마다 열려요

해설

그대 향한 뜨거운 독백,
그 스토리텔링의 담화

노창수 시인, 문학평론가

1.

무릇 시가 읽혀야 한다는 논리는 현대시의 공통 관심사다, 그렇다고 독자의 흥미를 유발하는 절대적 시가 따로 있는 건 아니다. 세상에 나오는 시는 각각 그 재미를 달리 구가해 마지않기 때문이다. 나아가 독자에게 전달되는 사연과 소이연도 다르기 마련이다. 이는 시의 독창성과 특수성에 기인한 환경적 현상으로 설명될 수 있을 것이다. 어떤 시는 소재와 제재가 독특하여 독자 호기심을 느슨하게 불러일으키는 경우가 있고, 반대로 소재는 보편적이지만 전개와 호흡 자체가 가팔라 읽는 속도를 빠르게 올려주는 시도 있다. T.S.엘리엇은 '시가 이해되지는 않지만 효과적으로 전달될 수 있거나, 아니면 시가 이해되기는 하나 감동의 전달력이 약한 경우가 있음'을 한 비평 글에서 지적한 바 있다. 정연우 시의 경우는 독자를 뜸 들이지 않게 하는 그 전달력에 어떤 속도감을 얹고 있는 액셀러레이터와 같은 기능을 보인다. 해서, 거론된 소재마다 읽히는 맛이 진진하다고 여긴다. 그건 시인이 사연을 당기고 미는 동력에 빠른 호흡력을 작동시키기 때문이다.

2.

붉은 속눈썹 깜박이며
정열의 불 붙은 것인가
새파란 잎을 기억하지 못하는 것인가
어찌하여 걸어가는 햇살 한 줌에 추락하는가
꽃대궁 속 허옇게 비우고 죽는다 말 없더니
진한 그리움 포개어 놓은 듯 그 자리인가

물 한 바가지 이고
늦은 가을 젊은 그가 찾아온다
연애하는 모양이다
내외하듯 마주하지 못하고
꽃대궁 사이로 새파란 혀를 내밀고
비비고 핥는다
기억하지 못하지만 기억하는 하나는
너의 향기인 것을

다시 긴 시간을 기다려야 하지만

그래도 내는 꽃이라네
- 「석산, 아리아」 전문

'아리아'는 서정적 노래, 즉 슬픈 감정이 흐르는 듯한 곡을 이르는 말이다. 서로의 만남이 이루어질 듯하다 결국 다다르지 못한, 그때에 겪은 바를 후일에야 부르는 노래, 그게 바로 '아리아' 즉 비가悲歌이다. 누구든 처음 만났을 때는 타는 듯 "붉은 속눈썹"을 느낄 만큼 감정적이었을 일이다. 그땐 열정적 사랑을 발화하지만, 후일 헤어지고 나면 까마득히 옛일인 양 식어버려 "기억"으로부터 멀어지기 마련이다. 사랑하는 사람이 온 그해 "늦은 가을"엔 서로가 "내외하듯 마주 보지도 못"했다. 그 시절 화자는 "꽃대궁 사이"로 혀를 내밀며 비비던 일처럼 부끄러움을 느꼈을 터이다. 그걸 이즈음에 와 상상해 보지만, 잘 기억해 낼 수가 없다. 다만 그이가 남긴 어떤 향기만 어렴풋이 떠오를 뿐이다. 이제 다시 만나려면 두 사람은 "긴 시간을 기다려야" 하리라. 해서, 대저 삶이란 한 시절 대상을 그리워하며 기억을 쫓는 일이기도 할 것이다. 사람에 따라 다르겠지만, 기다림을 꿈꾸는 매양은 순간 행복과의 조우遭遇, 그리고 별자정회別者情懷하듯 헤어지는 게 인간사의 통상이다. 시인이 노래한 이 같은 '아리아'는 옛 가슴 설레는 그 만남의 순간을 지나, 이제 이별의 아픔을 회억하는 일로 바꾸어 든다. 해서, 화자는 더 깊은 '아리아'를 부를 수밖엔 없다. 결국 사람과 사람 사이에 이루어지는 그 사랑에 대한 내리막길의 노래라 할 수 있겠다.

이팝나무를 보면
생각나는 한 사람이 있다

오월 한 날, 낮달에 앉아
속삭이듯 핀 나무를 보고
웃던 사람이 있다

흰 꽃에 안겨서
당신을 견디듯 손바닥에 얼굴을 묻고
시리게 웃던 한 사람이 있다

그때 알았다
어떤 웃음 속엔 그리움이 산다는 것을
시리게 웃을 땐 그것이 슬픔이라는 것을

밤 창가에 기대어 낮달이 잠을 잔다
그가 주고 간 유난히도 흰
이팝나무가 안부를 묻는다

그 사람은 오월인 것을 몰랐던가
떨고 있는 나무의 목젖이 부서지듯
부르는 소리를 듣지 못하는가

맡겨둔 것처럼 두고 간 마음 때문이었을까
이팝나무 앞에서
그 사람 대신 그 사람처럼 웃었다
ㅡ「그 사람 대신」 전문

  눈 부신 햇살 쏟아지는 오월 한낮. 속삭이듯 꽃 피어나는 나무들이 시야 가득 점령해 온다. 화려한 이때 이팝나무꽃을 좋아하던 그이를 떠올리지만 참 먼 곳으로 갔다. 화자는 꽃 앞에 자주 웃던 그이를 소환해 온다. 그리움으로 벅차오르는 처음이듯 새삼스런 설렘을 얹기도 한다. 그는 손바닥에 얼굴을 묻고 시리게 웃는다. 그리고 나무가 피워 올린 흰 꽃 앞에 웃던 그를 회상해 본다. 꽃피는 철마다 아마 시리게 웃던 그였지 싶다. 그이 웃음에는 화자를 위해주던 그리움이 그득하게 끼친다. 해서, 그를 보낸 화자는 그만큼 시린 슬픔에 잠길 때가 있다. 그러니까 시는 당신을 향한 별사의 시[別辭詩]라 할 수 있다. 오월 한낮, 유난히 빛을 조사照射하는 이팝나무로부터 사랑하는 이의 안부를 눈시려운 웃음으로 묻고 그 물음에 답하는, 이른바 스스로의 팬터마임 같은 담화체 시극詩劇으로도 읽힌다. 그 무대에 화자는 간절한 그리움을 청중에게 전하듯 연가戀歌의 역을 맡는다. 나무 목젖이 부서지도록 부르는 소리, 그 간절한 외침이 배어있다. 하지만 그이 환영幻影은 듣지 않고 떠나고 만다. 그에게 안겨진 미련의 마음만 그냥 전할 뿐이다. 그건 간절한 가슴을 억누르는 일이기도 하다. 전하고자 한 안부란 이팝꽃 만개할 때 근황을 슬픈 웃음으로 띄워 보내는 일이다. 이미 떠나간, 그러나 그처럼 웃는 지금, 화자는 이팝나무 아래 마냥 서있다. 그래, 그와 함께 행복을 나누던 때가 이팝꽃 시로 계기화되는 것을 느끼는 것이다.

3.

　　소문은 오래전부터 익히 알고 있었지
　　유월 한낮의 태양이 뜨겁다는 것쯤은
　　그런 그가 전봇줄에 앉아 졸더니 톡 하고
　　우리 집 마당에 빨랫줄로 떨어져도
　　거기 걸려서 졸더라니깐

　　나는 글을 쓰다 떠 오르지 않는 생각에 턱 괴고
　　볼펜 입에 물고 눈 지그시 감고 생각을 모았지
　　한참을 그렇게 있어도 떠 오르지 않고
　　'윙윙' 소리에 그만 감은 눈을 떴는데
　　얼굴에 책장이 붙어 있더라니깐

　　책 속의 한 줄 지식이 그렇게 오면
　　나는 왠지 너랑 정들 것 같아 히히!
　　　　　　　　　　　　　　－「낮잠」전문

　일순의 기막힌 낮잠은 꿀맛에 버금갈 터이다. 그게 쏟아지는 때란 "유월 뜨거운 한낮"쯤일 것이다. 달콤한 이 졸음에 빠진 순간의 풍자, 이 시는 그런 기민機敏과 해학을 뒤섞어 버무린다. 비유나 너스레가 능청스러운 맛을 널찍이도 끼치고 있다. 예컨대 "전봇줄에 앉아 졸더니 툭하고 우리 집 마당 빨랫줄로 떨어지는데 아, 거기 걸려서 졸더라"는 등의 과장법이 특이한 유머를 달고 전해오는 까닭이다. 또 있다. 글을 쓰며 "눈 지그시 감고 생각"을 모으다 깜빡 졸고 "윙윙 소리에 그만 감은 눈을 뜨는데" 내 "얼굴이 책장에 붙어 있더라"는 순간적 회피로부터 느끼는 충일감도 그렇다. 시로부터 깨닫는 게 현실 비수에서처럼 압도당한 순간이다. "책 속의 한 줄 지식이 그렇게 오면 나는 왠지 너랑 정들 것" 같다는 대목에서도 마찬가지다. 작업을 하다 오지게 쏟아지는 낮잠, 그 소리 없는 도둑 같은 침입에도 여유를 부린다. 그러니 솔직한 비유를 능청스럽게 훔친 작품이겠다.

>명주실 켜던 밤이었단다
>달님이 처마 밑에서 잠들었는지
>둥그런 내 배에 손을 얹은 채 미동도 없길래
>그저, 삼경(三更)이러니
>하여, 눈 붙이고 한잠 자려 했단다
>
>한데, 네가 이 시간을 기다렸다는 듯
>명주실 켜서 한 필 옷이 되기도 전에
>이쪽저쪽에서 쓱쓱 잡아당기는데
>품은 해라도 가르는 것인지
>뜨겁기가 대장간 불 속 같은데
>대장장이 팔뚝만한 것이
>그 속을 푹푹 왔다 갔다 하는데
>불 속에서 참나무 쩌억쩌억 갈라지듯
>뒤틀어오는 묵직한 것
>아, 내 속에서 뜨거운 해라도 빠지는 것인가
>아픈 것인지 시린 것인지
>더 이상 견딜 수 없던 육신이 그만
>보자기 풀리듯 스르륵 하더니
>
>열린 몸에 빨간 눈물이 쏟아지는데
>네가 빨갛게 울더구나

언제 깼는지 달님이 네 얼굴 명주실로 닦아
헝크러진 내 품에다 놓는데
별 하나가 반짝이며 새벽하늘에 걸리던 것을
신비로운 밤이었단다
명주실을 감은 채 네가 그렇게 태어났단다
―「너 태어나던 날」 전문

이 시는 어머니가 딸에게 주는 담화를 시 형태로 바꾼 글이다. 당신의 출산 때를 기록해 그녀에게 전하는 말하자면 '담시譚詩'와 같은 작품이다. 시 호흡에서의 긴박감, 그리고 순간적 호응률을 배치해 읽기에 거침이 없다. 출산에서 겪은 변화와 생체 리듬이 혼융되어 다음 단계를 읽어야 하는 긴박감을 주기도 한다. 그래, 독자에게 역동감을 일으키어 호소력을 점층하는 효과를 얻는다. 뱃속 아기가 돌리는 증세를 투시 안으로 비쳐보이듯 전하는 장면도 리얼하다. 예로 길쌈하는 "명주실을 켜는 밤"에 "달님이 처마 밑에 잠들었는지/ 둥그런 배에 손을 얹어도 미동도 없"기에 그러면 그냥 "삼경三更이러니" 짐작하고 "한잠 자려"고 눈붙일 바로 그즈음, "명주실 켜서 한 필 옷이 되기도 전에/ 이쪽저쪽에서 쓱쓱 잡아당기는" 그 뱃속의 양상을 타전해 마지않는다. 그러다 얼마 후 "품은 해라도 가르"듯이/ "뜨겁기 대장간 불 속 같"은데, 순간 "대장장이 팔뚝만 한 것이/ 그 속을 푹푹 왔다 갔다하"고 불속 참나무가 "쩌억쩌억 갈라지듯/ 뒤틀어오르는 묵직한" 압박의 느낌을 설명한다. 순간 "보자기 풀리듯 스르륵하더니/ 열린 몸에 빨간 눈물이 쏟아지"

던 모습, 비로소 "네"가 나타났음을 극적으로 들려준다. 이어서 "별 하나가 반짝이며 새벽하늘에 걸리던" 그 밤에 "명주실을 감은 채 네가 그렇게 태어났다"고 알려주며 시를 맺는다. 위인 탄생의 한 설화도 같은 이 시는 구체화된 화법으로 가독성을 돋우는 특성이 있다.

출산의 고통 뒤에 "보자기 풀리듯 스르륵" 아기가 나오는 과정, 이어지는 아기의 울음을 통해 순산 보고를 한다. 즉 "열린 몸에 빨간 눈물이 쏟아지고 빨갛게 울던" 아기를 보이듯 묘사한 게 그렇다. 아기의 신비한 미래를 전언함으로써 그를 어필하는 일도 잊지 않는다. 마지막에선 "언제 깼는지 달님이 네 얼굴 명주실로 닦아 헝클어지기만 한 내 품에다 놓는데/ 별 하나가 반짝이며 새벽하늘에 걸"리더라고 말한다. 그 "신비로운 밤" 이야기를 통해 딸을 축복하려는 마음을 전하는 긴밀한 서사가 독자를 울린다.

머물다 간 바람은 어디로 가나 싶지만

그것이 뭐 그리 중하더냐
투죽위교(透竹危橋)

가슴에 품은 뜻 향기로 날아
광풍각에 맺히니

제월당 앞 꽃향기에
벙그는 시냇물

날 찾는 벗 없다마는

슬퍼마라
물 깊구나

대숲에 바람 소리 아직
지지 않을 이 그리움

- 「소쇄원 연가」 전문

 이 「소쇄원 연가」는 소쇄원瀟灑院의 48영 중 가운데를 운위한다. 즉 투죽위교透竹危橋, 광풍각 바람, 제월당 꽃향기, 대숲 바람 등을 노래함이 그것이다. "투죽위교"란 통나무대를 엮어 골짜기 위를 연결한 가는 다리다. 그래, 보는 이는 위태롭다고도 여긴다. 지금은 그걸 복원한 아치형 다리가 놓여 있다. 원림의 연못은 원래 승지勝地였으나 이 위교가 놓임으로써 더욱 청유清幽한 임당林塘 풍경을 볼 수가 있다. 참고로, 소쇄원 투죽위교는 2001년 광주의 화백 박행보가 그린 작품이 있는바, 그림에 나타나 있는 위교, 그 진면목을 확인해 볼 수 있다. 이는 한국가사문학관에 전시되어 있다.
 화자는 소쇄원에서 바람을 맞으며 마음을 다스린다. 소쇄원의 바람 행방을 따라 그 연가를 부른다. 투죽위교 위, 가슴에 품은 뜻이 한 향기로 날아가 맺는 광풍각, 그리고 제월당 앞 꽃향기에 벙그는 시냇물, 찾는 벗이 없어 슬퍼진 물의 임당, 이들은 "지지 않을 그리움"을 방문자에게 남기고 대숲 바람을 따라간다. 그건 화자 스스로를 청신하게 일깨우기도 한다. 소쇄원은 머무는 사람들마다에 세파의 피곤함과 흐려진 정신들을 청량하게 소쇄瀟灑하는 바 이를 미화한 작품이다.

4.

자작나무 숲에 비가 내리면
사락사락 자작자작
놀란 자리
해가 놀러 올 때까지
한동안 아프겠다
한동안 외롭겠다

흰옷은
화촉이고 싶겠다

- 「비가 내리면」 전문

 자작나무숲에 내리는 빗줄기를 "자작자작"으로 표현하고 있다. 이 의성어에 따라 나무 이름이 되었음을 시사한다. 그렇듯 씻기는 나무의 거피는 깨끗해져 마냥 흰빛으로 빛나기 마련이다. 거기 사락사락 딛는 비의 발소리가 멈추면 어김없이 해는 비쳐 나무를 빛낼 것이다. 그는 한동안 아프고 외로웠지만, 곧 자작나무의 흰옷처럼 화촉이라도 밝힐 양 환한 빛을 맞을 터이다. 그래, 자작나무 숲을 씻는 비가 멈추는 날, 깨끗해진 몸을 드러내게끔 할 해를 기다리게 된다. 이는 고통이 지나가면 환희가 도래할 것임을 노래한 것과 같다. 지금 내리고 있는 비에 그런 약속을 걸어본다. 빗물로 깨끗이 씻은 다음 흰옷을 갖춰 입고 화촉 밝힐 그 신부의 모습을 상상하는 것이다. 이제 막 관수灌水를 마치고 눈부신 햇빛 속에 등장하는 자작나무의 황홀한 절정, 그걸 신부 앞에 켠 화촉처럼 노래하고 있다.

밥상이 수수하오
하루종일 아등바등 고된 노고에
입맛 나는 게 하나도 없겠다 싶지만
긴 겨울 해풍을 담은 동초에
하늘을 이고 살았던 뿌리 깊은 흰 무와
저 멀리 서해바다에서 헤엄쳐 온 홍어
그들이 조신하게 밥상에 오르니
면역력에 좋다는 곡성 돼지고기
한걸음에 달려와 불판에서 죽어주는
귀염까지 부리는구려
날 선 바람이 문틈에서 기웃거려도
뜨신 밥을 배불리 먹어준다면
내겐 봄이 온 거나 매한가지겠소
― 「밥상은 수수하지만」 전문

 시는 수수한 밥상을 말하지만 사실 차림을 보니 많은 정성이 깃들어 있다. 해풍을 담은 동초, 그리고 뿌리 깊은 흰 무까지는 그렇더라도 서해를 헤엄쳐온 홍어, 그리고 면역력에 좋은 곡성 돼지고기 등이 한걸음에 달려와 불판에 익는 광경은 수수하다고 겸손해 하지만 그이를 위한 정성의 요리일 것이다. 불판을 동원하는 것 말고, 잔칫집에서나 맛볼 홍어가 있다면 진수성찬은 아니더라도 기다린 사람을 위한 특별식의 차림이다. 추운 겨울이 떠나려면 아직 멀다. 그래, 아무리 날선 바람이 문틈을 기웃거려도 배불리 먹을 수 있는 뜨신 밥이 있다면 봄이 온 거나 매한가지일 것이다. 밥상에 놓은 한 그릇 밥은 삶에 의욕과 기력을 보해준다. 그를 위한 화자의 밥상엔 활력을 돋우려는 사랑의 행간을 읽을 수 있다. 그래서 시적 늬앙스는 스스로 차린 밥상에 대한 수수함 보다는, 멀리서 오래 기다린 그에게 밥심을 넣어주려는 데 가치를 두었다고 볼 수 있다.

> 만약 당신이 온다면
> 첫눈처럼 왔으면 좋겠어
>
> 하얀 눈꽃송이
> 심장에 내리면
> 당신은 그거 알아요
>
> 내 심장이
> 당신의 언 손을 녹일 거라는 걸
>
> 찬바람 불어도
> 내 심장은 얼리지 못한다는 걸
>
>   - 「만약 당신이」 전문

 시집을 읽어보니 정연우 시인에겐 사랑하는 이에 대한 시편이 많다. 아니, 시의 대부분이 잊지 못할 당신을 향하고 있다. 이번 시집 표제로 내어쓴 이 작품 또한 짧은 시행이지만 당신에 대한 열애의 정을 절절히 토로한다. 당신이 내게 첫눈처럼 그 눈꽃송이가 되어 심장으로 내린다면, 당신의 언 손을 뜨거운 심장으로 녹일 거라는 믿음을 당신이 알았으면 하고 바란다. 그런 의지는 다음 행에서 더 구체화한다. 아무리 찬바람이 불어와도 내 심장은 얼릴 수 없다는 것, 그게 당신을 향한 열정으로 차 있기 때문이란 걸 말한다. 대체로 그의 시는 연시풍戀詩風이 많다. 예컨대 「당신으로 인하여」, 「그 사람 대신」, 「석산, 아리아」, 「술병 앞에서 시인이 되다」 등을 비롯한 여러 편이 그렇다. 이런 연시를 쓰는 순간은, 화자의 시적 대상에 대한 의지가 보다 확연해지는 시간일 것이다.

> 폭염을 피하기엔 더 없을 거라고
> 가차 없이 내리는 햇살 바다에 맡기고
> 외로운 바람은 어깨 위 앉히고
> 호위무사처럼 따르는 갈매기는
> 낭만이 되어 줄 거라고
> 그리 생각했어
>
> 항구 뱃고동 소리는
> 소금에 절여진 간이역 같아서
> 내가 울지 않아도
> 떠나고 싶은 사람들에게는 길이 되고
> 떠나 온 사람들에겐 설레임이 되어 줄 거라고
>
> 목포는 정말 그랬어
> 타오르는 정열이 그랬지
> 갈치속젓 같은 유달산이 그랬고
> 치장을 하지 않아도 살구꽃 향기가 났지
> 푸르디 푸른 자유가 울컥울컥했어
> ―「목포여행」 전문

화자에게 목포행이란, 폭염을 바다에 맡기는 일, 아니 그것 말고 호위무사 갈매기에게 자신이 한 낭만가임을 호소

하러 가는 여행이다. 뱃고동 소리도 간이역을 끌고 떠나는 사람들에게 길이 되듯 어떤 설렘을 줄 것이다. 그게 화자에 작동된 곳이 바로 목포이다. 목포는 타오르는 정열의 갈치속젓 같은 유달산이 있고, 꾸밈없는 살구꽃의 향기가 나는 곳이다. 나아가 바다로 향한 푸른 자유가 울컥울컥 삼켜지기도 한다. 하면, 자아 해방의 공간일 법하다. 목포 항구는 그 안에 삶의 집요를 일으키며 살아가기에 갈치속젓 같은 짠맛이 들어 있다. 그 자유와 짠맛이 살구꽃 향기와 어우러져 목포를 이룬다. 그 목포 여행 사실만으로도 생은 찰나를 만난 듯 화자를 울컥거리게 한다.

5.

지금까지 살펴본바, 정연우의 시는 뜨겁고 즉흥적이다. 옛일을 회한하는 시간을 현재형의 감정에 실어 토로하기도 한다. 사랑하는 이에 대해 숨기지 않은 그 솔직한 감정은 오히려 가식적인 시들과 차별화가 된다. 대저 시인들은 사랑을 표현함에서 아름답게 궁글치는 언사가 많은 게 사실이다. 하지만 정연우 시인은 사랑을 과거의 은연중이란 시간으로 구차스럽게 돌리지 않는다. 해서, 고백의 시차에 직구를 던지는 듯한 비유가 독자에게 오히려 소재에 대한 회억의 시간을 좁히는 셈이 된다.

끝으로, 자못 식을 줄 모르는 뜨거운 열정으로 빚어내는 이번 시집이 그를 청정수처럼 위무해 주기를 바란다. 나아가 새로운 세계로 향하는 단단한 필력이 이 시집을 계기로 더욱 꿋꿋해지리라 믿는다.

정연우 시집
만약 당신이

인 쇄	2025년 3월 28일	
발 행	2025년 4월 7일	
지은이	정 연 우	
펴낸이	노 남 진	
편 집	장 숙 영	
펴낸곳	(사)한림문학재단 · 도서출판 한림	
	61488 광주광역시 동구 백서로125번길 11(금동)	
	(062)226-1810(代) · 3773	
	E-mail hanlim1992@kakao.com	
	출판등록 제1990-000008호(1990. 9. 14.)	

ⓒ 정연우, 2025
이 책의 저작권은 저자에게 있습니다.
저자와 출판사의 허락없이 내용의 일부를 발췌하거나 인용할 수 없습니다.

값 12,000원
ISBN 978-89-6441-596-2   03810

* 이 책의 판매처 _ 교보문고, 예스24